Lesson 7
What's this?

クイズ大会を しよう → P.26

Lesson 8
I study Japanese.

「夢の時間割」を作ろう → P.32

Lesson 9
What would you like?

ランチメニューを 作ろう → P.36

絵カード → P.41

この本で行う活動

Let's Listen 聞いてみよう

Let's Chant リズムで遊ぼう

Let's Play ゲームをしよう

Activity 言葉を使おう

Let's Sing 英語で歌おう

Let's Listen 2

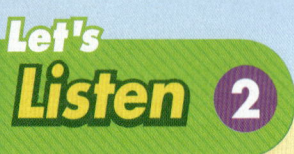

どの国のあいさつか，考えよう。

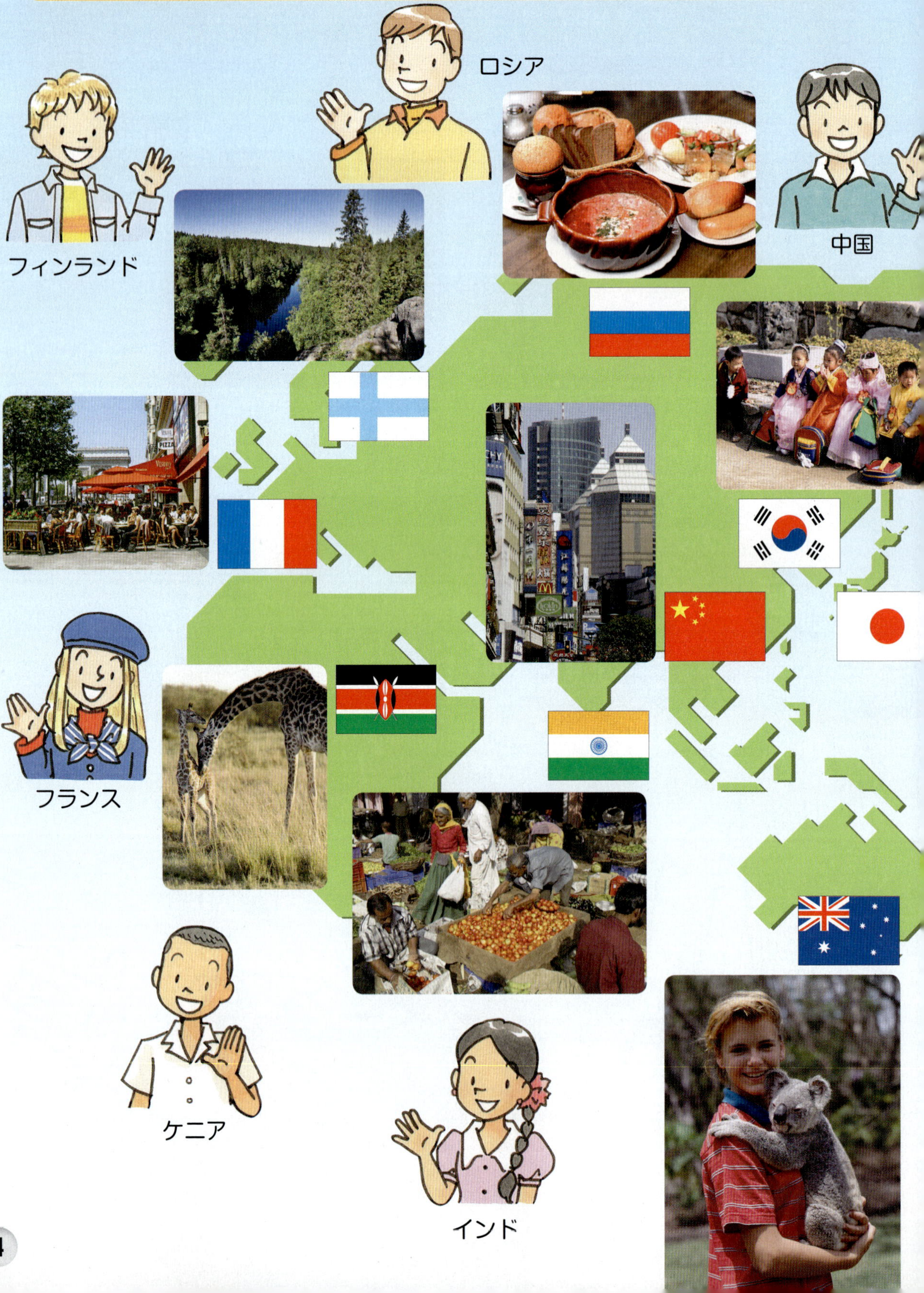
ロシア
中国
フィンランド
フランス
ケニア
インド

Let's Listen 3

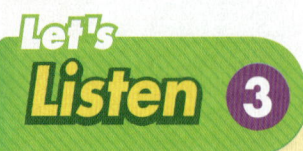

（　）に名前を書こう。

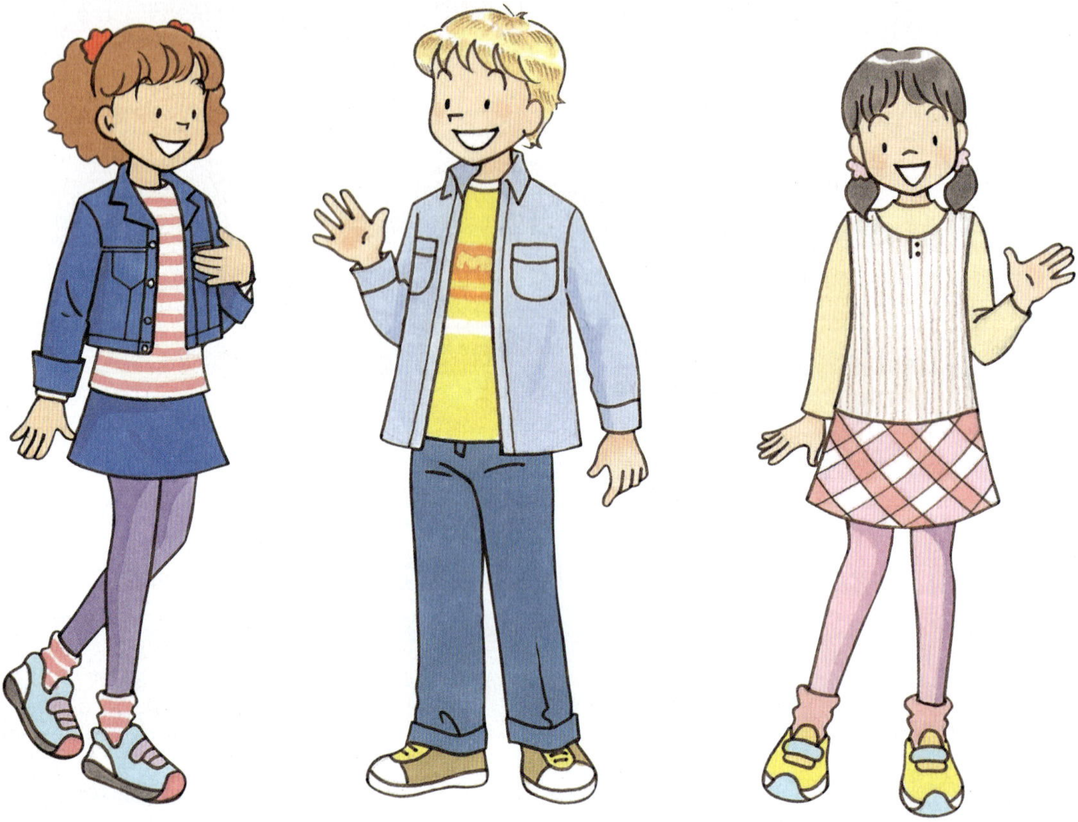

(　　　　　　　　) (　　　　　　　　) (　　　　　　　　)

Let's Chant

Hello!

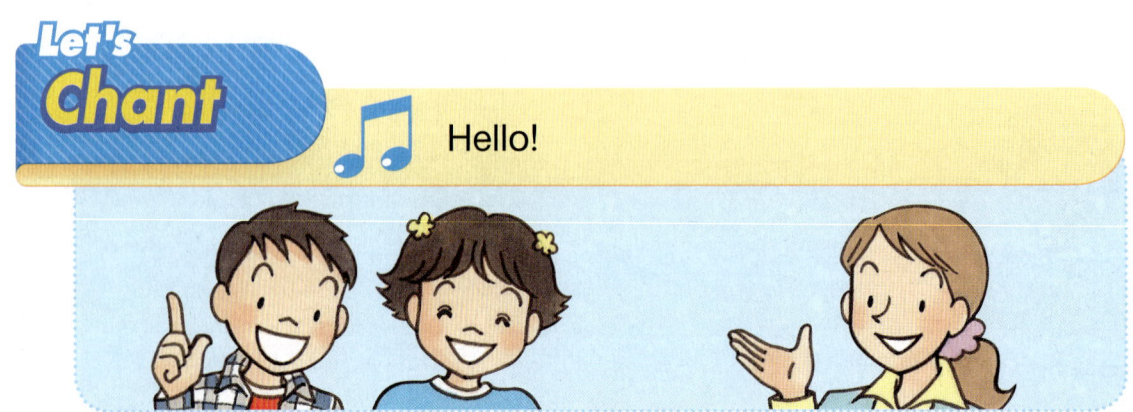

あなたの名刺を作ろう。

友だちと名刺をこうかんしよう。

こうかんした名刺をここにはろう。

Lesson 2 I'm happy.

Let's Listen

だれがどんな様子か，線で結ぼう。

Sakura Ai Taku Hikaru

Let's Sing

Hello Song

Hello. Hello. Hello, how are you?

I'm good. I'm good. I'm good, thank you. And you?

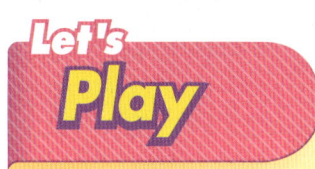

Let's Play

どんなことを表しているか，□に番号を書こう。

□

□

□

□

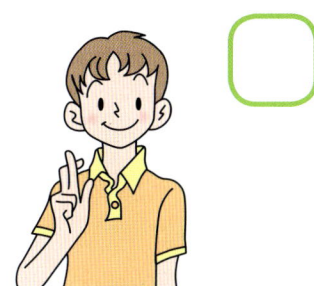

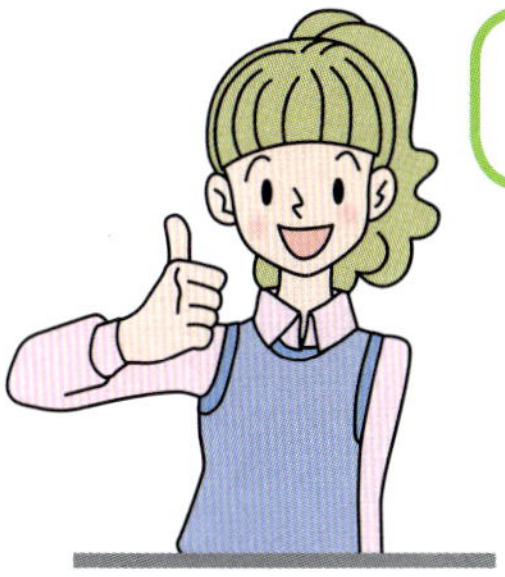

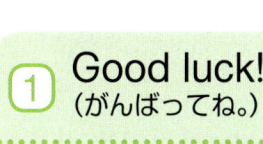

1 Good luck!
（がんばってね。）

2 Come here.
（こっちへ来て。）

3 I don't know.
（わかりません。）

4 Good!
（いいわね。）

Activity

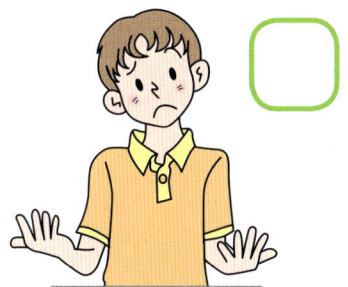

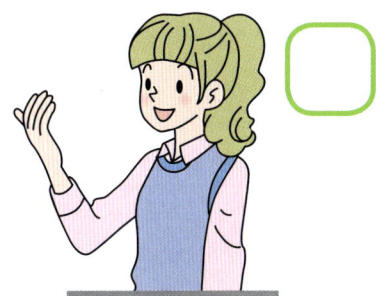

ジェスチャーをつけてあいさつしよう。

●友だちはどんな様子か，友だちの名前を書こう。

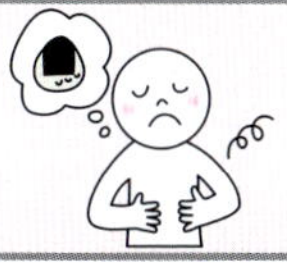	
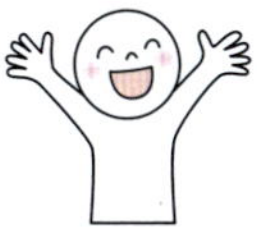	
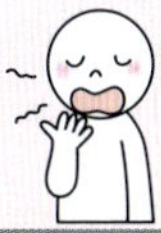	
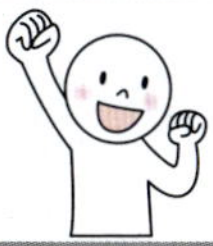	

Lesson 3 How many?

Let's Play 1

じゃんけんゲーム

何回勝てるかな？

1回目

1	2	3	4	5
6	7	8	9	10

2回目

1	2	3	4	5
6	7	8	9	10

Let's Listen

どの国の数の言い方か，□に番号を書こう。

Let's Play 2 いくつあるか，数えよう。

Activity 1 「How many? クイズ」を作ろう。

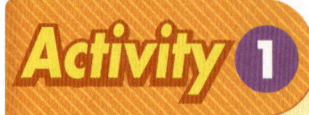

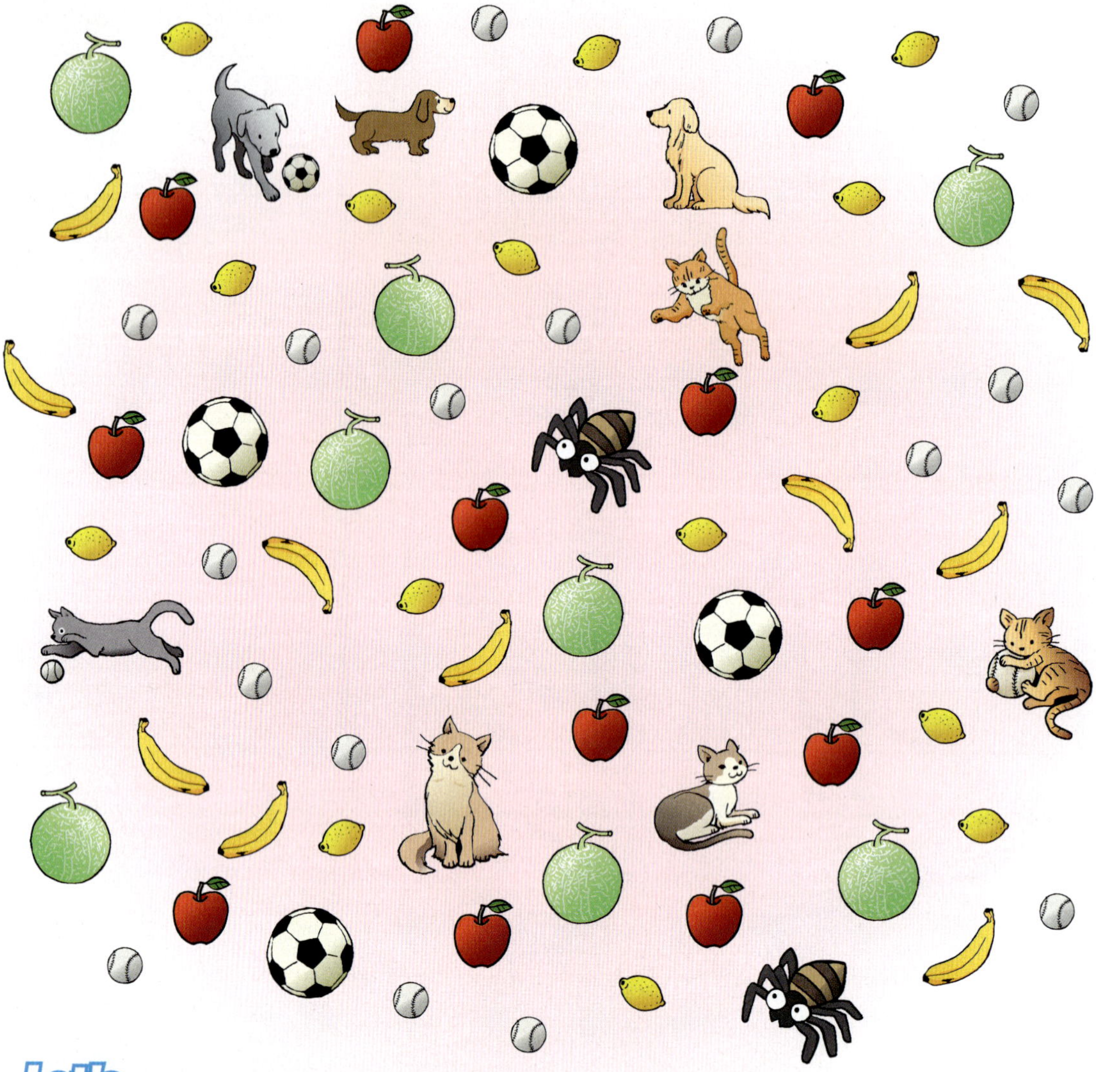

Let's Chant ♪ How many balls?

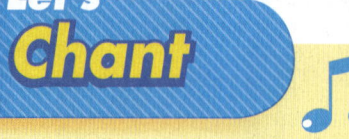

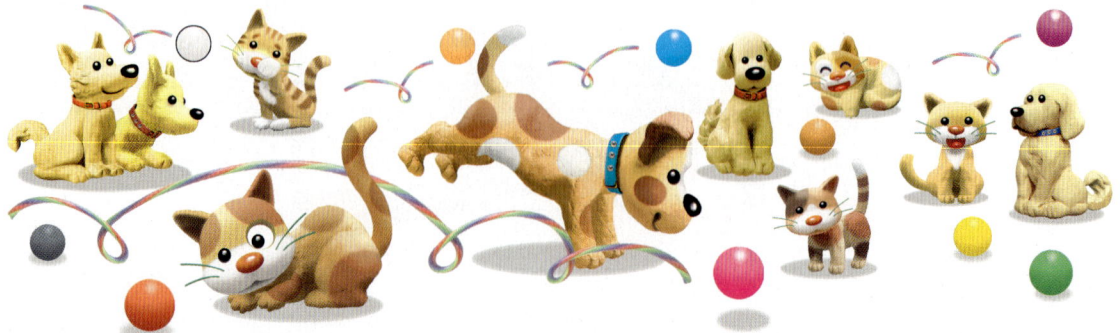

Activity 2

りんごがいくつあるか，たずねよう。

● あなたと同じ数のりんごを持っている
友だちの名前を書こう。

Lesson 4 I like apples.

Let's Play おはじきゲーム

おはじきを使ってやってみよう。

Lesson 4 ①②

15

I like apples.

だれが何を好きなのか，線で結ぼう。

Taku　　Hikaru　　Tomoe　　Ai

Lesson 4 ③④

♪ Do you like apples?

🎧 好きなものには○を，きらいなものには×を書いて，表を完成しよう。

好きなもの　名前(NAME)	🐱	🍋	⚽
Sakura			
Hikaru			
Tomoe			

Activity

友だちの好ききらいを予想して，インタビューしよう。

好きなもの　名前(NAME)	🐶	🥛	🏀	
	予想 / 回答	予想 / 回答	予想 / 回答	予想 / 回答
	予想 / 回答	予想 / 回答	予想 / 回答	予想 / 回答

17

Lesson 5 What do you like?

  何番のTシャツか，考えよう。

 だれが何番のTシャツが好きか，
〇に番号を書こう。

Hikaru

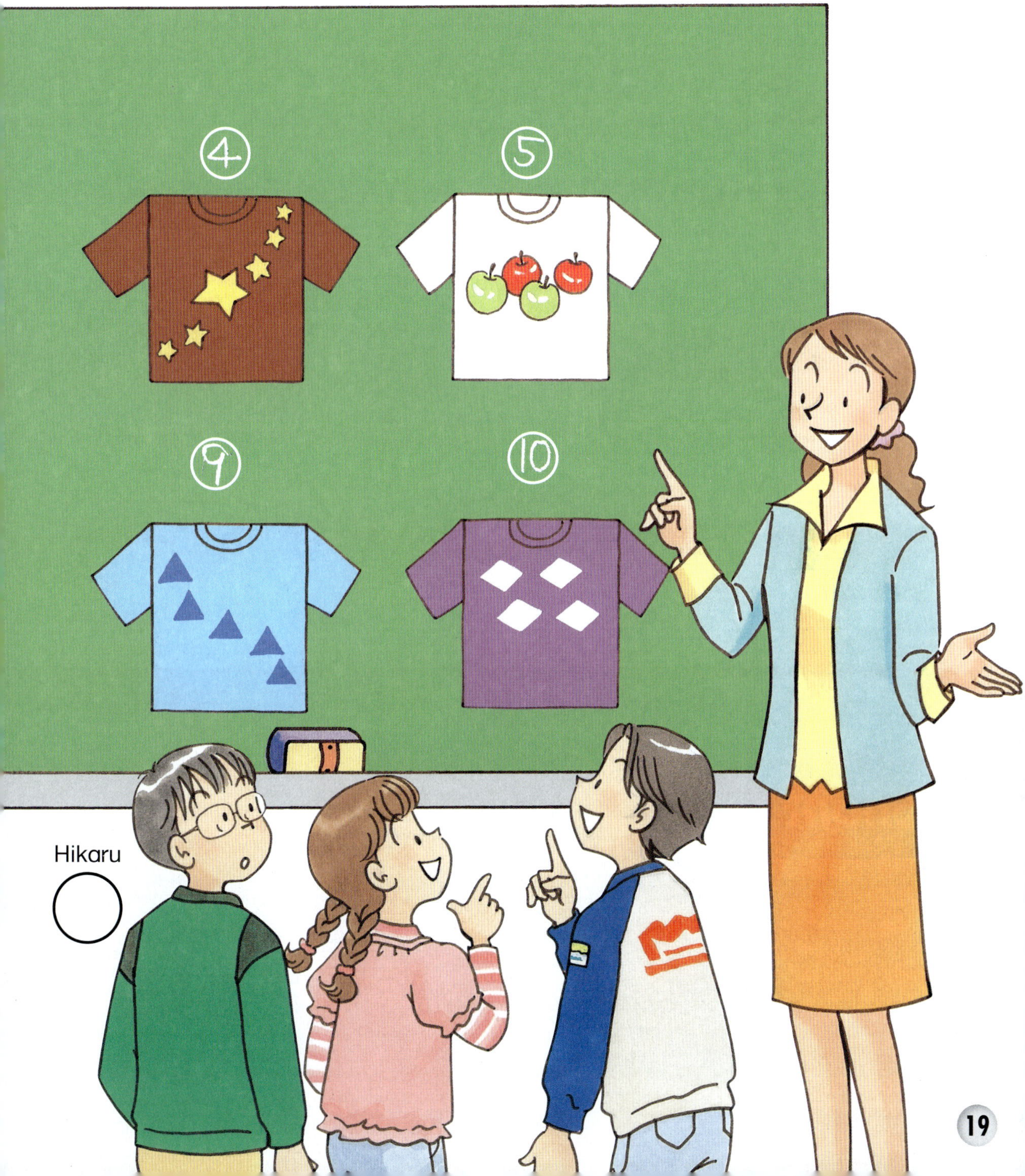

Let's Listen 3

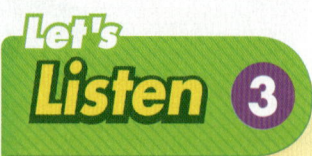

さくらとたくのTシャツは何番か，
考えよう。

Let's Play

友だちにTシャツを作ろう。

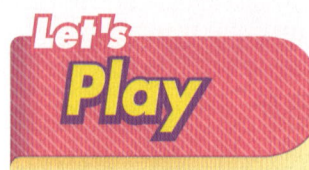

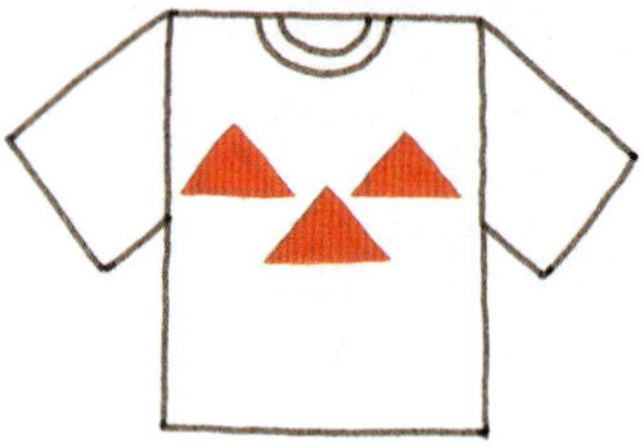
1

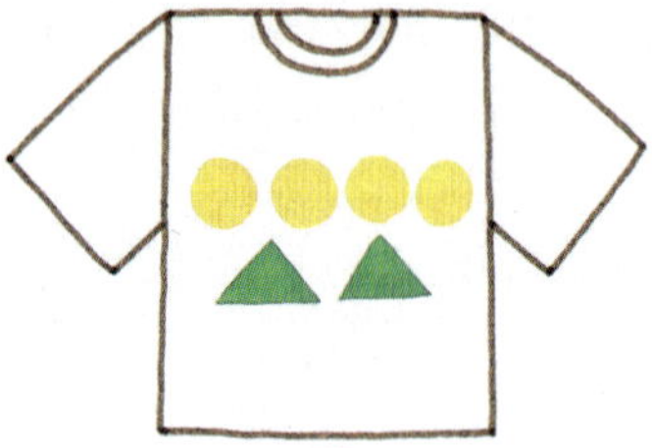
2

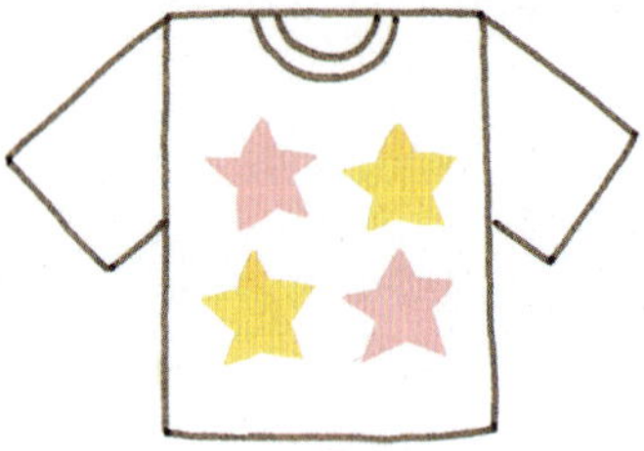
3

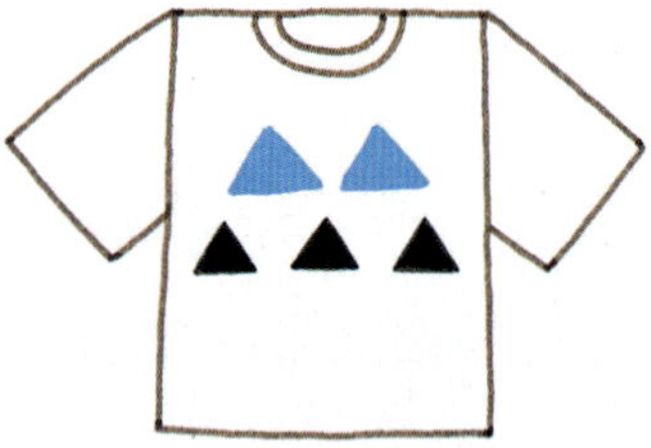
4

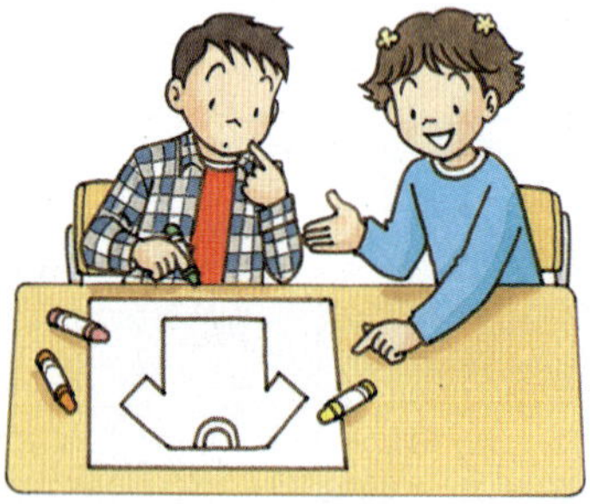

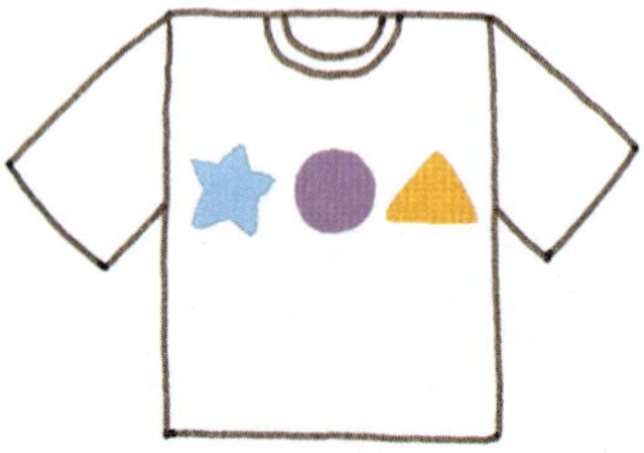
5

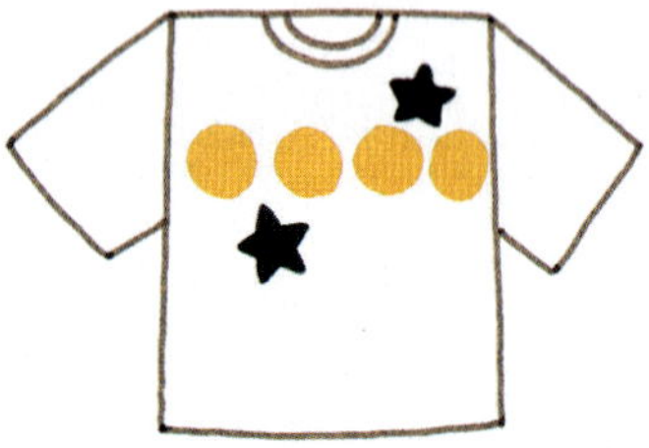
6

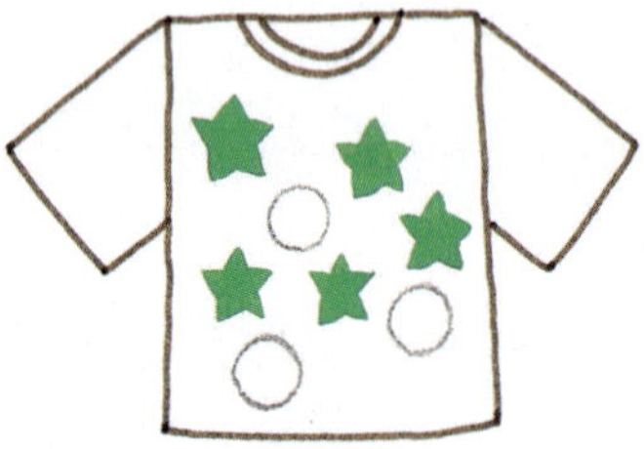
7

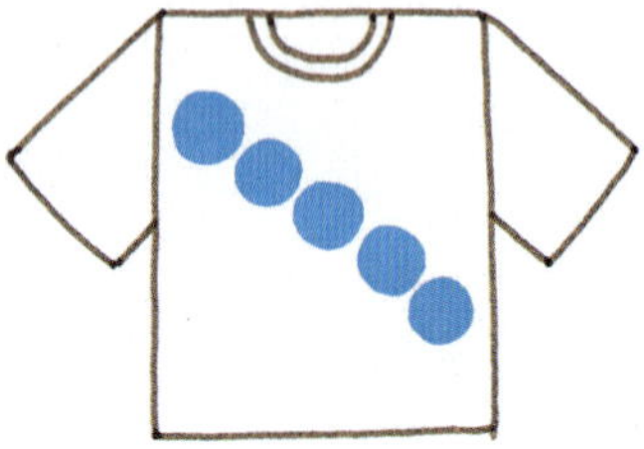
8

Let's Chant

What color do you like?

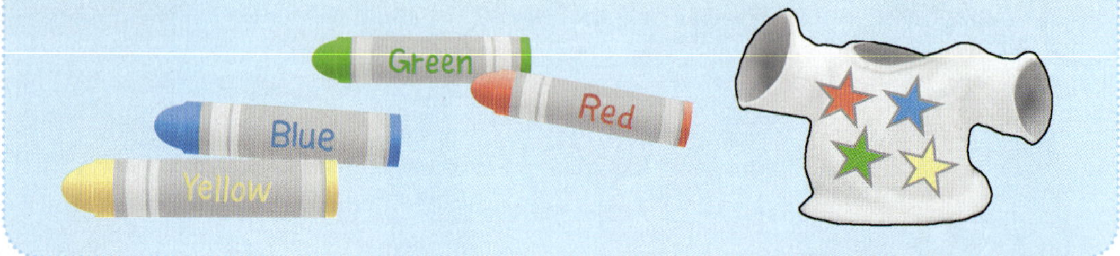

何が好きか，友だちにインタビューしよう。

NAME	🖍	🐕🐈🐇	
あなた			

Lesson 6 What do you want?

Let's Play 1

アルファベットの大文字をさがそう。

A B C D E F G H I J K L M

Let's Play 2 ポインティングゲーム

どこにあるかわかるかな？

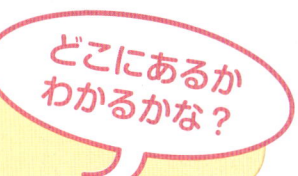

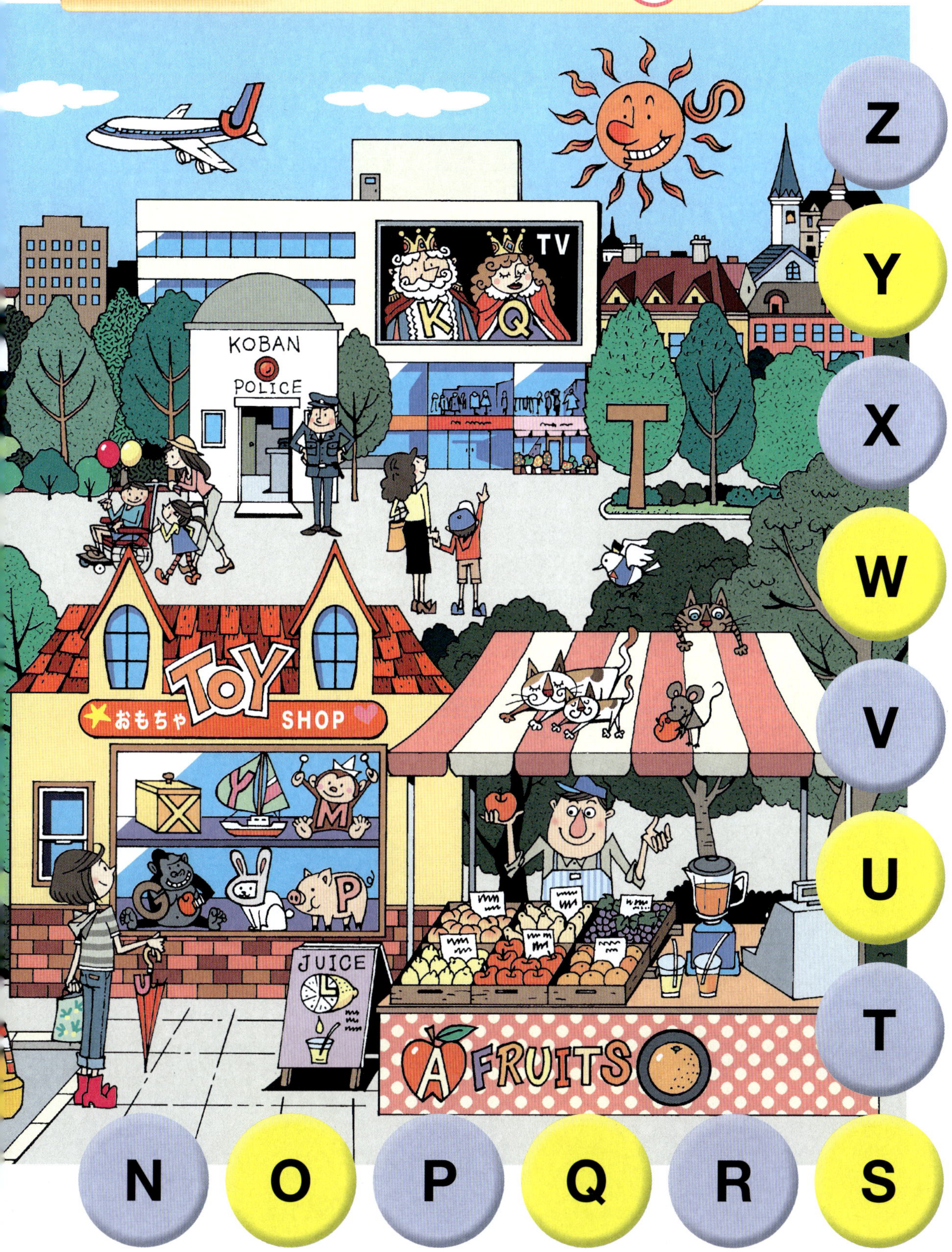

 アルファベットの大文字や数を線で結ぼう。

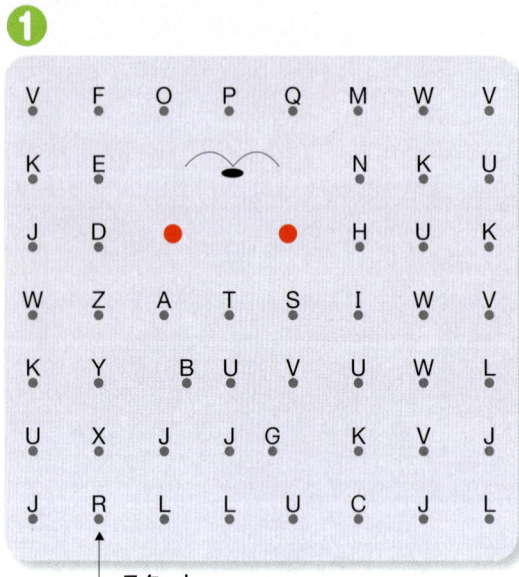
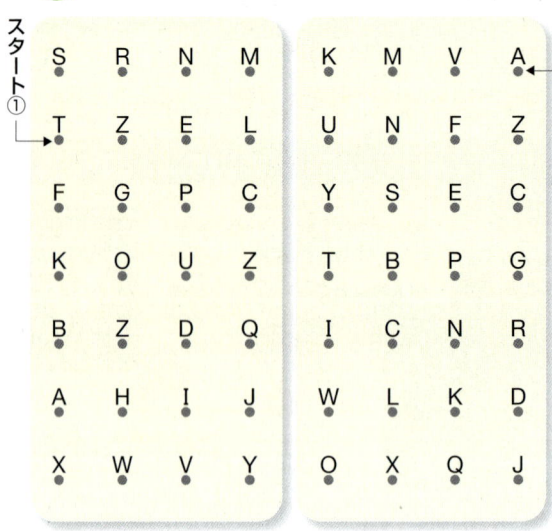

 Alphabet Chant

Let's Chant 2

🎵 What do you want?

Let's Play 3

カード集めゲーム

● 集めたカードのアルファベットの大文字を書き写そう。

Activity

見つけたアルファベットの大文字を書こう。

Lesson 7 What's this?

 下の絵は何か，考えよう。

Let's Play

ポインティングゲーム

どこにあるか わかるかな？

Let's Chant

What's this?

Activity

クイズ大会をしよう。

❶シルエットクイズ

❷漢字クイズ

海星

向日葵

桃太郎

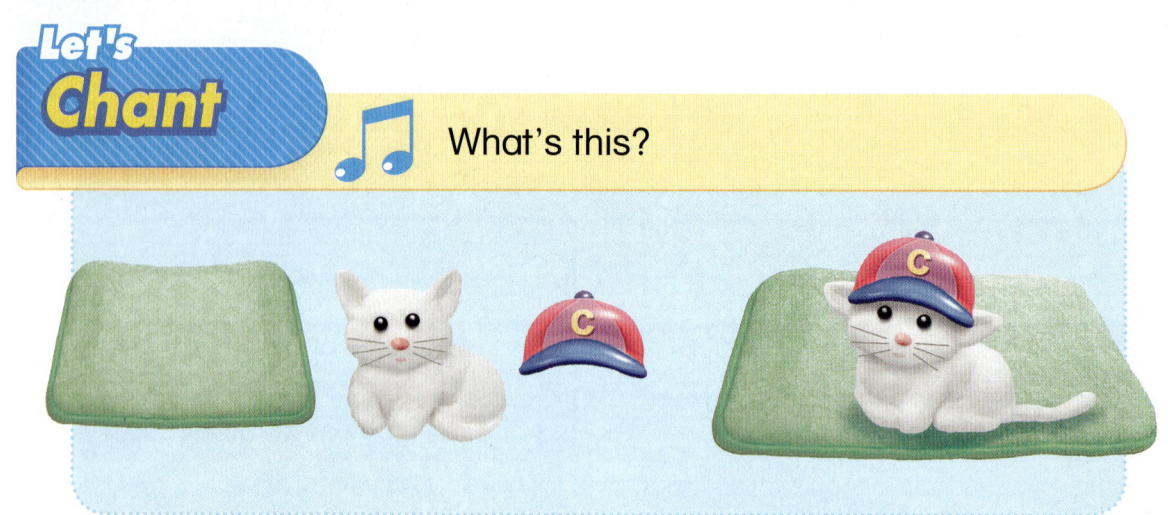

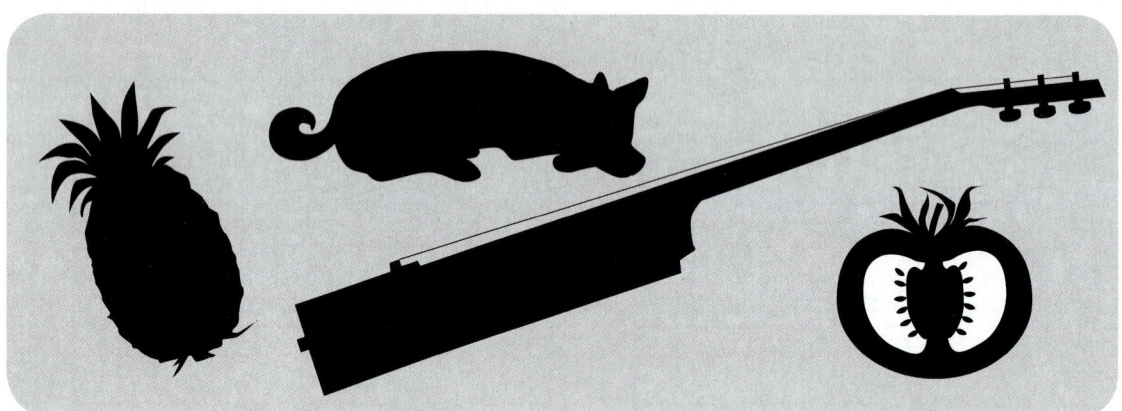

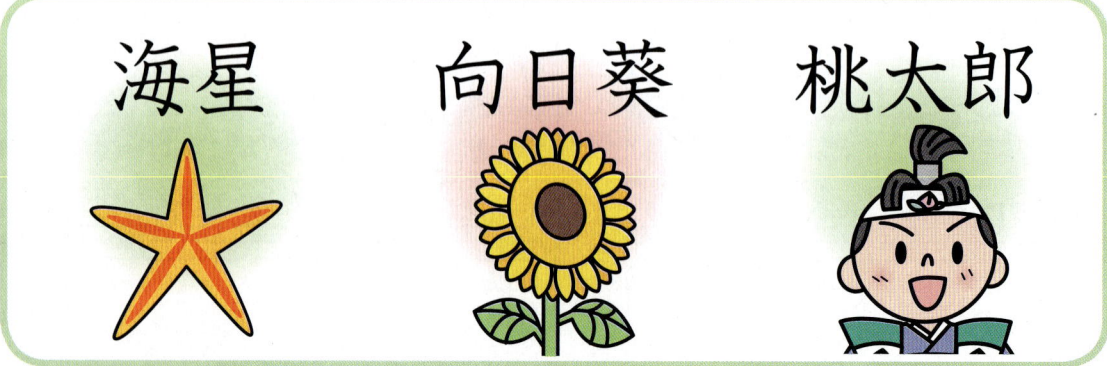

❸スリーヒントクイズ

	No.1・No.2のヒントでの予想	No.3のヒントでの予想
A		
B		
C		

❹パズルクイズ

Lesson 8 I study Japanese.

Let's Play 1 スリーヒントクイズ

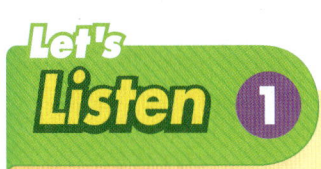

Let's Listen 1

今日の時間割(わり)は何か，考えよう。

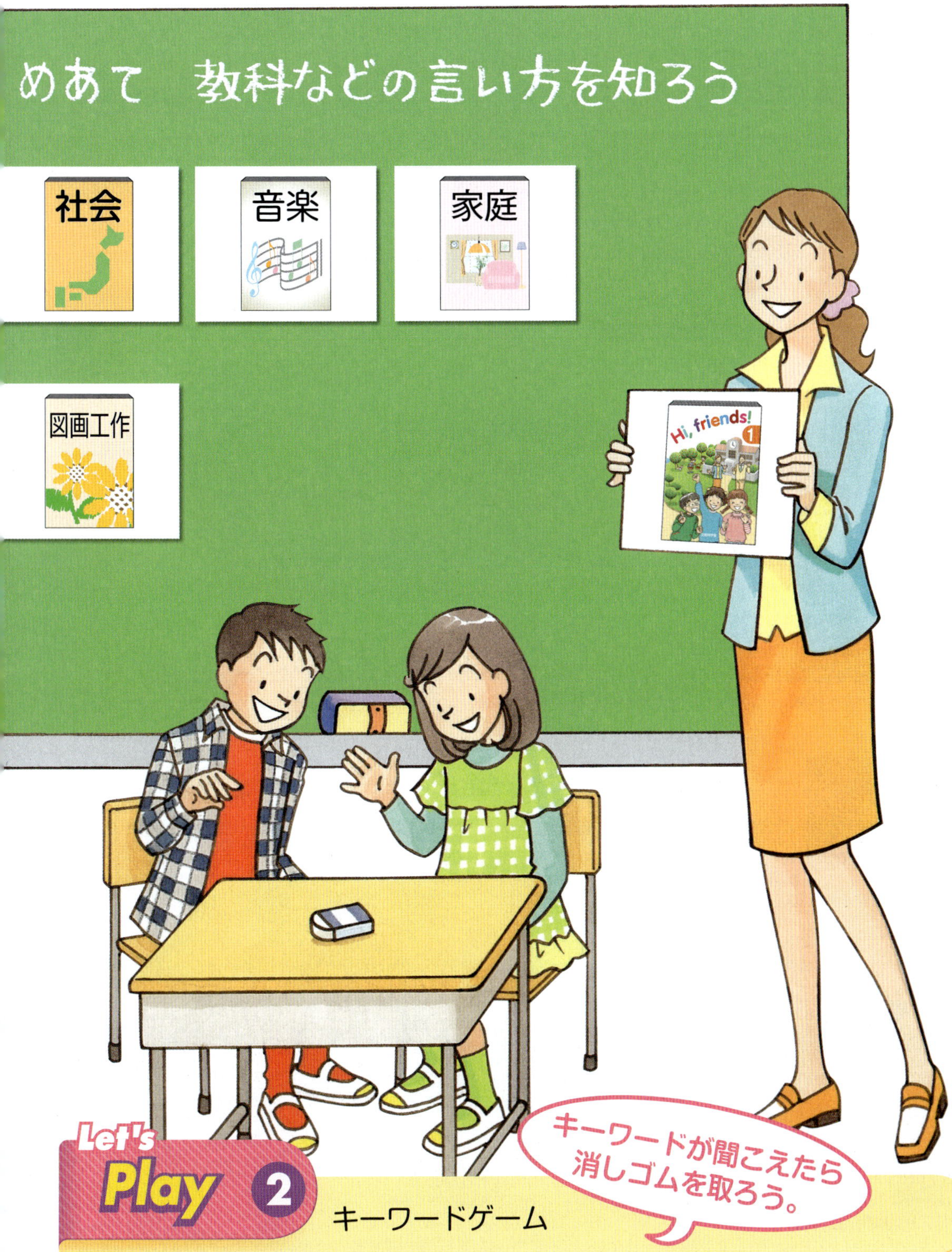
めあて　教科などの言い方を知ろう
社会
音楽
家庭
図画工作
Hi, friends! 1
キーワードが聞こえたら
消しゴムを取ろう。

Let's Play 2

キーワードゲーム

Let's Sing

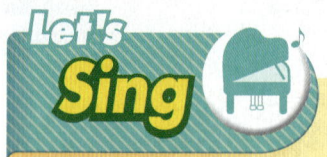

Sunday, Monday, Tuesday

Let's Chant

What do you study?

Let's Listen 2

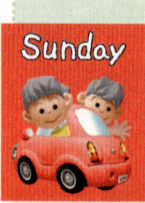

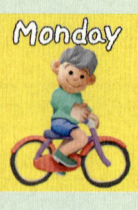

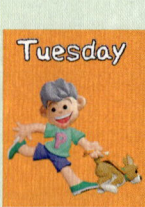

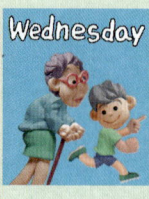

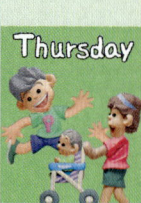

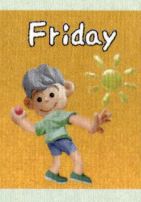

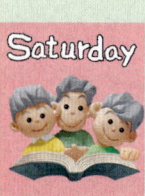

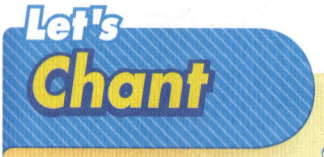

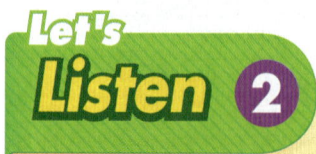

どんな学校生活か，わかったことを書こう。

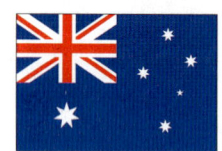

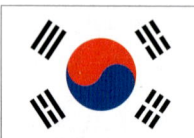

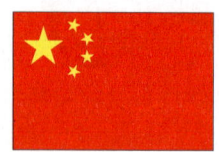

3 あなたの好きな教科などの名前とその理由を書こう。

教科などの名前	理由

Activity

「夢の時間割」を作ろう。

● さくらとたくの「夢の時間割」を聞いて書こう。

	さくら	たく	あなた	友だち
1				
2				
3				
4				
5				
6				

Lesson 9 What would you like?

Let's Listen 1

さくらとたくのフルーツパフェはどれか，
考えよう。

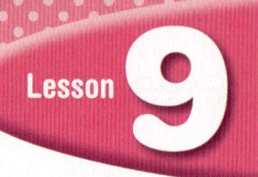

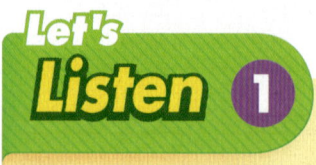

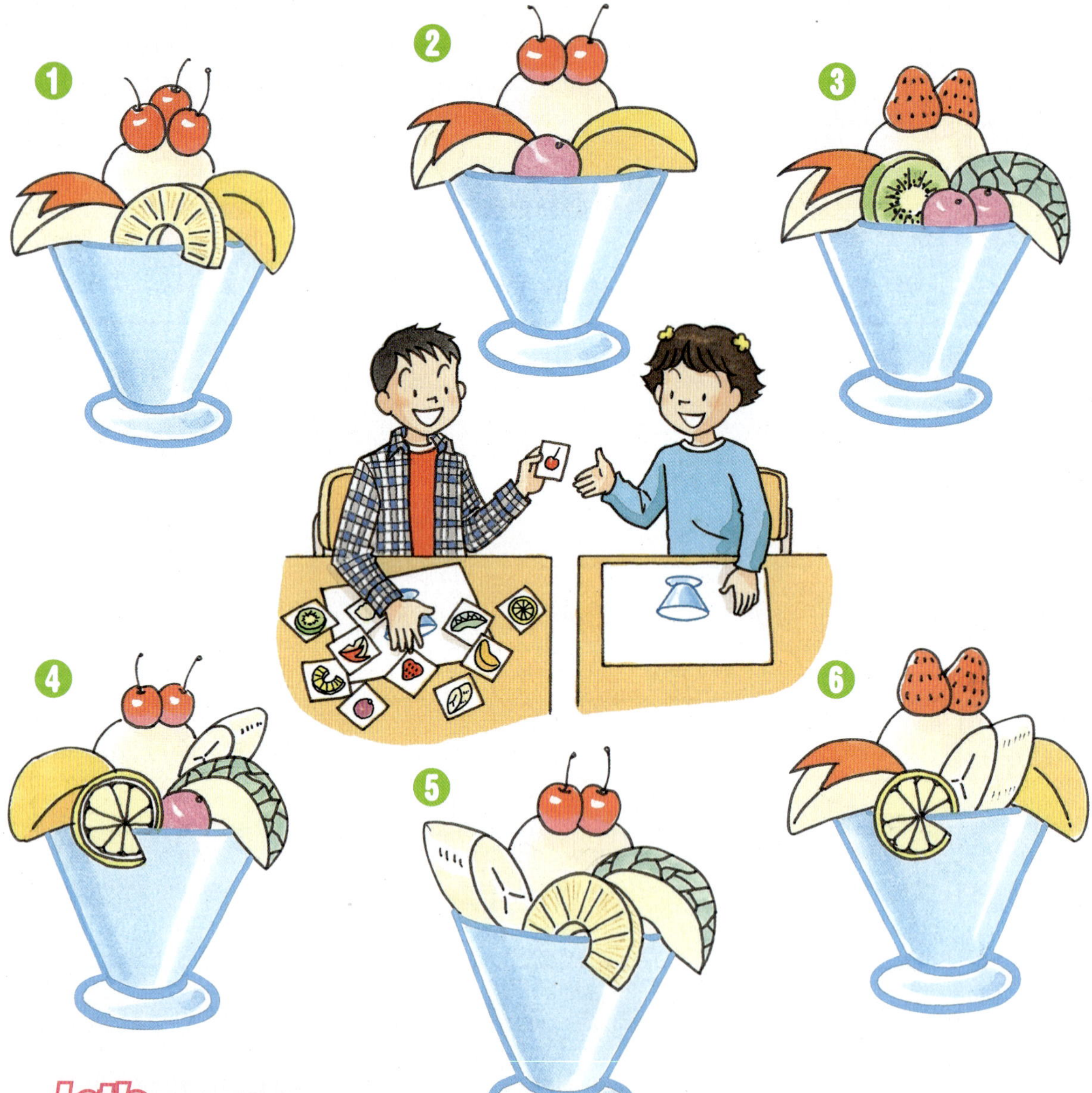

Let's Play

友だちにフルーツパフェを作ろう。

Let's Listen 2

Lesson 9 ① ②

だれが何を注文したのか，考えよう。

Let's Chant

♪ What would you like?

Activity 1

ランチメニューを作ろう。

Menu

Lesson 9 ③④

ヘルシーメニュー

Activity 2

どこの国の給食か，□に番号を書こう。
オリジナルの給食を作り合おう。

Lesson 9 ⑤

Lesson 4

41

Lesson 4

名前 (NAME)	名前 (NAME)	名前 (NAME)
_____	_____	_____
名前 (NAME)	名前 (NAME)	名前 (NAME)
_____	_____	_____
名前 (NAME)	名前 (NAME)	名前 (NAME)
_____	_____	_____
名前 (NAME)	名前 (NAME)	名前 (NAME)
_____	_____	_____

Lesson 4

予備カード

43

Lesson 4

名前 (NAME)	名前 (NAME)	名前 (NAME)
_____	_____	_____
名前 (NAME)	名前 (NAME)	名前 (NAME)
_____	_____	_____
名前 (NAME)	名前 (NAME)	名前 (NAME)
_____	_____	_____
名前 (NAME)	名前 (NAME)	名前 (NAME)
_____	_____	_____

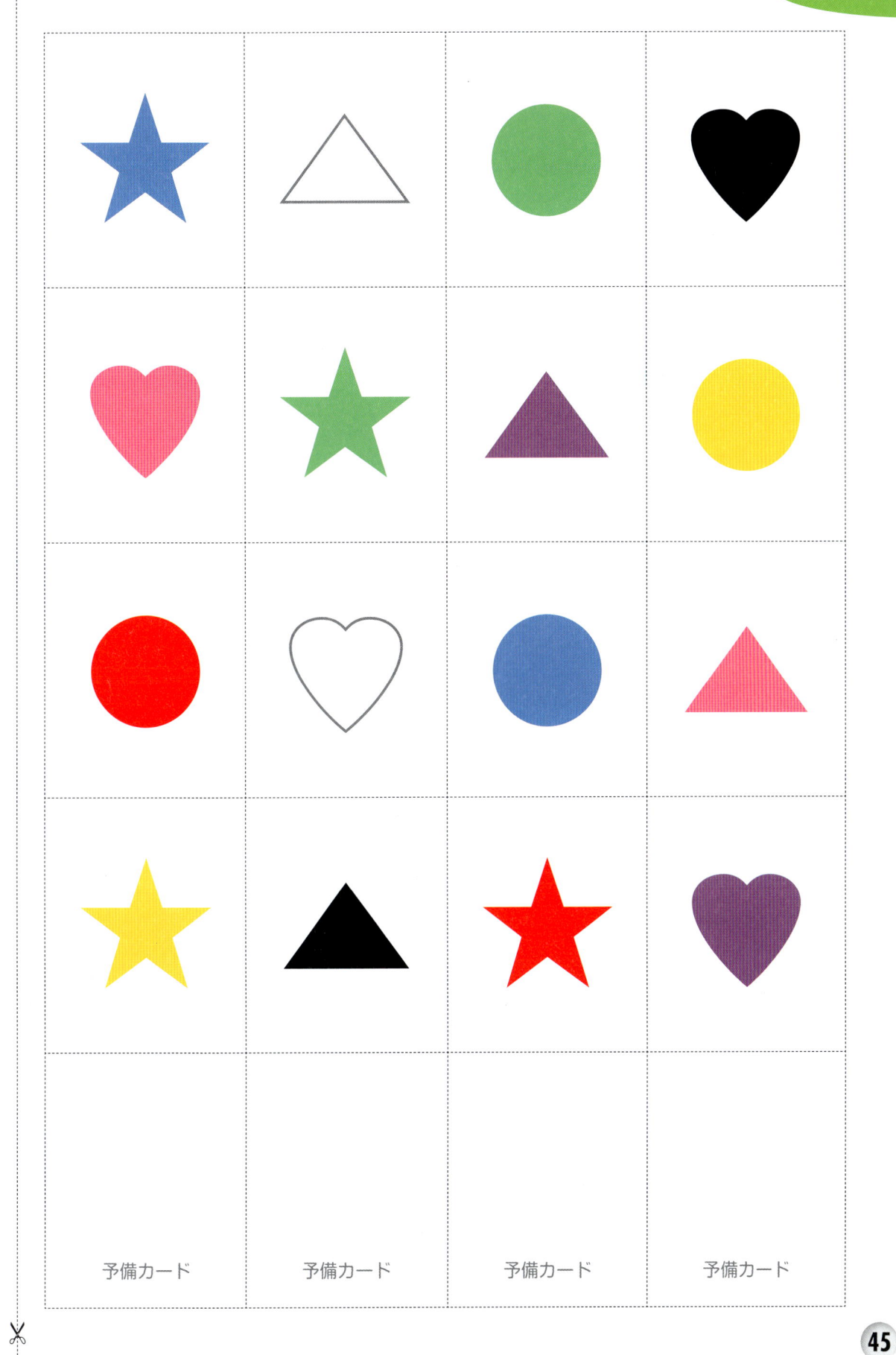

Lesson 5

予備カード	予備カード	予備カード	予備カード

Lesson 5

名前 (NAME)	名前 (NAME)	名前 (NAME)	名前 (NAME)
_____	_____	_____	_____
名前 (NAME)	名前 (NAME)	名前 (NAME)	名前 (NAME)
_____	_____	_____	_____
名前 (NAME)	名前 (NAME)	名前 (NAME)	名前 (NAME)
_____	_____	_____	_____
名前 (NAME)	名前 (NAME)	名前 (NAME)	名前 (NAME)
_____	_____	_____	_____
名前 (NAME)	名前 (NAME)	名前 (NAME)	名前 (NAME)
_____	_____	_____	_____

Lesson 6

A	B	C
D	E	F
G	H	I
J	K	L
M	N	O

47

Lesson 6

名前 (NAME)	名前 (NAME)	名前 (NAME)
_____	_____	_____
名前 (NAME)	名前 (NAME)	名前 (NAME)
_____	_____	_____
名前 (NAME)	名前 (NAME)	名前 (NAME)
_____	_____	_____
名前 (NAME)	名前 (NAME)	名前 (NAME)
_____	_____	_____
名前 (NAME)	名前 (NAME)	名前 (NAME)
_____	_____	_____

Lesson 6

P	Q	R
S	T	U
V	W	X
Y	Z	予備カード
予備カード	予備カード	予備カード

Lesson 6

名前 (NAME)	名前 (NAME)	名前 (NAME)
_____	_____	_____
名前 (NAME)	名前 (NAME)	名前 (NAME)
_____	_____	_____
名前 (NAME)	名前 (NAME)	名前 (NAME)
_____	_____	_____
名前 (NAME)	名前 (NAME)	名前 (NAME)
_____	_____	_____
名前 (NAME)	名前 (NAME)	名前 (NAME)
_____	_____	_____

国語	算数	理科
社会	音楽	家庭
書写	体育	図画工作
Hi, friends! 1	予備カード	予備カード

Lesson 8

Lesson 8

名前 (NAME)　　　　　　　　　名前 (NAME)　　　　　　　　　名前 (NAME)

_____　　_____　　_____

名前 (NAME)　　　　　　　　　名前 (NAME)　　　　　　　　　名前 (NAME)

_____　　_____　　_____

名前 (NAME)　　　　　　　　　名前 (NAME)　　　　　　　　　名前 (NAME)

_____　　_____　　_____

名前 (NAME)　　　　　　　　　名前 (NAME)　　　　　　　　　名前 (NAME)

_____　　_____　　_____

Lesson 9

Lesson 9

名前 (NAME)	名前 (NAME)	名前 (NAME)
_____	_____	_____
名前 (NAME)	名前 (NAME)	名前 (NAME)
_____	_____	_____
名前 (NAME)	名前 (NAME)	名前 (NAME)
_____	_____	_____
名前 (NAME)	名前 (NAME)	名前 (NAME)
_____	_____	_____
名前 (NAME)	名前 (NAME)	名前 (NAME)
_____	_____	_____

Lesson 9

予備カード 予備カード 予備カード

Lesson 9

名前 (NAME)　　　　　　名前 (NAME)　　　　　　名前 (NAME)

_____　_____　_____

名前 (NAME)　　　　　　名前 (NAME)　　　　　　名前 (NAME)

_____　_____　_____

名前 (NAME)　　　　　　名前 (NAME)　　　　　　名前 (NAME)

_____　_____　_____

名前 (NAME)　　　　　　名前 (NAME)　　　　　　名前 (NAME)

_____　_____　_____

名前 (NAME)　　　　　　名前 (NAME)　　　　　　名前 (NAME)

_____　_____　_____